BEI GRIN MACHT SICH IHR WISSEN BEZAHLT

- Wir veröffentlichen Ihre Hausarbeit, Bachelor- und Masterarbeit
- Ihr eigenes eBook und Buch - weltweit in allen wichtigen Shops
- Verdienen Sie an jedem Verkauf

Jetzt bei www.GRIN.com hochladen und kostenlos publizieren

Bibliografische Information der Deutschen Nationalbibliothek:

Die Deutsche Bibliothek verzeichnet diese Publikation in der Deutschen Nationalbibliografie; detaillierte bibliografische Daten sind im Internet über http://dnb.d-nb.de/ abrufbar.

Dieses Werk sowie alle darin enthaltenen einzelnen Beiträge und Abbildungen sind urheberrechtlich geschützt. Jede Verwertung, die nicht ausdrücklich vom Urheberrechtsschutz zugelassen ist, bedarf der vorherigen Zustimmung des Verlages. Das gilt insbesondere für Vervielfältigungen, Bearbeitungen, Übersetzungen, Mikroverfilmungen, Auswertungen durch Datenbanken und für die Einspeicherung und Verarbeitung in elektronische Systeme. Alle Rechte, auch die des auszugsweisen Nachdrucks, der fotomechanischen Wiedergabe (einschließlich Mikrokopie) sowie der Auswertung durch Datenbanken oder ähnliche Einrichtungen, vorbehalten.

Impressum:

Copyright © 2015 GRIN Verlag, Open Publishing GmbH
Druck und Bindung: Books on Demand GmbH, Norderstedt Germany
ISBN: 9783668056299

Dieses Buch bei GRIN:

http://www.grin.com/de/e-book/306582/chevron-vs-ecuador-der-groesste-rechtsstreit-des-internationalen-umweltrechts

Katinka Reschenbach

Chevron vs. Ecuador. Der größte Rechtsstreit des internationalen Umweltrechts

GRIN Verlag

GRIN - Your knowledge has value

Der GRIN Verlag publiziert seit 1998 wissenschaftliche Arbeiten von Studenten, Hochschullehrern und anderen Akademikern als eBook und gedrucktes Buch. Die Verlagswebsite www.grin.com ist die ideale Plattform zur Veröffentlichung von Hausarbeiten, Abschlussarbeiten, wissenschaftlichen Aufsätzen, Dissertationen und Fachbüchern.

Besuchen Sie uns im Internet:

http://www.grin.com/

http://www.facebook.com/grincom

http://www.twitter.com/grin_com

Chevron vs. Ecuador

- Der größte Rechtsstreit des internationalen Umweltrechts -

Leuphana Universität Lüneburg

Seminar: Grundlagen des Umweltrechts

Wintersemester 2014/15

Inhaltsverzeichnis

1. Einleitung 3
2. Ölförderung 4
    2.1 Herkömmliche Ölförderung 4
    2.2 Texaco in Ecuador 5
3. Geschichte eines Rechtsstreits 5
4. Verfahren aus Chevrons Sicht 7
    4.1 Geschichte 7
    4.2 Das betrügerische Gerichtsurteil gegen Chevron 8
    4.3 Nachfolgende gerichtliche Handlungen 10
5. Zusammenfassung 11
6. Literaturverzeichnis 12

1. Einleitung

Erdöl ist der wichtigste Rohstoff unserer Zeit. 2012 wurden weltweit etwa 4.119 Millionen Tonnen Rohöl gefördert.[1] Gerade für die Umwelt hat diese Förderung allerdings weitreichende Folgen: immer wieder gelangen große Mengen an Öl durch Unfälle/Lecks/Tanker Havarien etc. in die Umwelt und verpesten dort Gewässer, Boden und Luft.

Von 1964 bis 1992 hat der amerikanische Ölkonzern Texaco im ecuadorianischen Amazonas-Gebiet gemeinsam mit dem ecuadorianischen staatlichen Ölkonzern PetroEcuador Öl gefördert. Ein Jahr später (1993) wurde der Konzern von einem Zusammenschluss von 30.000 Bewohnern der Provinz Sucumbios verklagt um Entschädigung zu erstreiten. Die Kläger sahen Chevron (als Rechtsnachfolge von Texaco) in der Verantwortung, durch die Ölbohrungen große Teile des Amazonas-Gebietes mit Rohöl und giftigen Abwässern verpestet zu haben. Hierbei soll es sich um ein Gebiet von 2 Mio. Hektar Größe handeln.

Da diese Gebiete und vor allem die Flussläufe den Anwohnern als Lebensgrundlage dienen, gehen manche Experten davon aus, das ein drastischer Anstieg der Geburtsfehlerrate und der Krebserkrankungen auf eine Kontamination des Trinkwassers zurückzuführen sei.

Der Rechtsstreit, bei dem die Wortführer von Chevron immer wieder betonen, das es keine wissenschaftlich belegbare Kontamination gebe, dauert nun schon 21 Jahre an.

In dieser Hausarbeit wird zunächst dargestellt, wie die Ölförderung auf herkömmliche Art durchgeführt wird und welche Sicherheitsmaßnahmen erfolgen müssen um eine Kontamination und damit einhergehende schwerwiegende Folgen für die Natur und den Menschen zu minimieren. Anschließend wird aufgezeigt wie die Ölförderungsgesellschaft Texaco im Amazonas-Gebiet in Ecuador Öl gefördert hat und wie sie mit den hochtoxischen Abfällen verfahren sind.

Der oben genannte Rechtsstreit hat mit seiner Länge und dem Ausmaß der beteiligten Parteien eine Fülle von Berichten, Dokumenten und Aussagen hervorgebracht, die es nahezu unmöglich macht alle Details zu erfassen und den Rechtsstreit in seinem Ganzen nachzuvollziehen. Zudem ist es sehr schwer die Seriosität der verschiedenen Quellen einzuschätzen. Die Aussagen der indigenen Einwohner und ihrer Unterstützer sind genau so kritisch zu betrachten wie die Aussagen der Anwälte und Vorsitzende von Chevron, der Firma welche seit 2001 rechtlicher Nachfolger Texacos ist.

Im dritten Kapitel wird die Geschichte des Rechtsstreits chronologisch aufgearbeitet und ein Überblick über die verschiedenen Verfahren gegeben, wobei wir versucht haben uns auf

---

[1] Organization of the Petroleum Exporting Countries, 2012

eindeutige Fakten zu beschränken. Im nächsten Teil wird der Rechtsstreit aus der Sicht Chevrons beschrieben. Wir fanden es wichtig auch diese Meinung zu berücksichtigen, da es ohne sie eine zu einseitige Darstellung des Themas geworden wäre. Dieses Kapitel ist unterteilt in die Geschichte, das Chevrons Auffassung nach 'betrügerische Urteil' und die nachfolgenden gerichtlichen Handlungen. Abschließend wird eine Zusammenfassung geliefert die deutlich machen soll, wieso sich ein Rechtsstreit so in die Länge ziehen kann und wieso es so schwer ist Multinationale Unternehmen zu verklagen.

2. Ölförderung

2.1 Herkömmliche Ölförderung

Wenn in einem Gebiet Erdölvorkommen erschlossen werden, wird zumeist damit begonnen die Bohrung sachgemäß vorzubereiten. Hierfür gibt es Standards, die erfüllt werden müssen. So müssen beispielsweise Gruben zur Zwischenlagerung der Erdölschlämme ausgehoben werden. Diese Gruben müssen präpariert werden, um ein Eindringen von giftigen Substanzen in den Boden zu verhindern. Dazu wird beispielsweise Spezialfolie verwendet. Diese ist komplett undurchlässig gegenüber allen Substanzen, die in diesem Zusammenhang auftreten können.

Während der Förderung muss sorgsam darauf geachtet werden das kein Erdgas entweicht. Dieses ist hoch entzündlich und hat zu dem noch schwerwiegende Auswirkungen in der Atmosphäre. Entweicht es trotzdem muss es in aufwendigen Verfahren unter Zufuhr eines kontrollierten Luftüberschusses vollständig zu CO_2 und Wasserdampf verbrannt werden.

Nach den Bohrungen können große Teile der Abfälle problemlos in die nun leeren Erdölreservoirs zurück gepumpt werden. Diese Praktik hat zwei große Vorteile: Zum einen werden die Abfälle in einem versiegelten Reservoir endgelagert. Dort wo schon kein Erdöl entwichen ist, können folglich auch keine anderen Gemische entweichen und ins Grundwasser gelangen. Zum anderen stabilisiert man so die entstandenen Löcher im Erdreich und beugt Erdrutschen vor. Alle weiteren Abfälle müssen versiegelt abtransportiert werden.[2]

---

[2] American Petroleum Institute, 1954

2.2 Texaco in Ecuador

Im Unterschied zur herkömmlichen Handhabung mit solchen Bohrstellen wurde im Fall der Bohrungen in Ecuador auf vieles nicht geachtet. Vielmehr gewinnt man den Eindruck, das zum Teil hochtoxische Abwässer bewusst ungefiltert in die Flussläufe der Umgebung geleitet wurden. Wie bei anderen Bohrungen auch wurden hier Gruben zur Aufbewahrung der Schlamme ausgehoben, jedoch wurde gänzlich auf den Einsatz von Spezialfolien verzichtet. Das hatte zur Folge, das die giftigen Chemikalien über den gesamten Zeitraum der Bohrungen (ca. 30 Jahre) ungehindert in das Erdreich absickern konnten.

Austretendes Gas wurde einfach durch offene Flammen verbrannt. Diese Praktik nennt man Flaring oder Abfackelung. Die Produkte einer unvollständigen Verbrennung von Methan (Hauptbestandteil von Erdgas) sind Ruß und Kohlenstoffmonooxid. Diese Stoffe sind sehr reaktiv und haben in der Atmosphäre negative Auswirkungen als Treibhausgase.

Darüber hinaus wurden die Schlämme nicht zurück in tiefere Erdschichten gepumpt. Die Gruben wurden nach Beendigung der Arbeiten notdürftig mit Erde zugeschüttet.[3]

3. Geschichte eines Rechtsstreits

1993 – In der ecuadorianischen Region Sucumbios schließen sich rund 30.000 Anwohner zusammen und streben einen Rechtsstreit an. Die Kläger bezichtigen einen der größten Ölkonzerne der Welt in ihrem Land fahrlässig mehrere Millionen Hektar Boden und Wasser mit Ölförderabfällen unbrauchbar gemacht zu haben.

Da Chevron als Rechtsnachfolger von Texaco in Ecuador zu dem Zeitpunkt keine Güter mehr besaß, musste die Klage vor einem amerikanischen Gericht eingereicht werden. Chevron einigte sich mit dem amerikanischen Gericht darauf, das Verfahren nach Ecuador verlegen zu lassen. Dies geschah unter der Voraussetzung, das Chevron und die Kläger jedwedes Urteil der ecuadorianischen Gerichte anerkennen und ausführen mussten. Einige Beobachter der Verfahren vermuten, dass Chevron sich vor den als korrupt geltenden ecuadorianischen Gerichten größere Erfolgschancen erhofften.[4]

2002 erreichen die Anwälte von Chevron die Verlegung nach Ecuador, das Verfahren wird 2003 in der Provinz Sucumbios neu verhandelt. Im Jahr 2004 beginnt Chevron mit einer Reihe von

---
3 Baker, C., Caissey, C., Johnson, B., 2009
4 Langewiesche, W., 2007

Gegenprozessen unter anderem in New York und vor dem ständigen Schiedsgericht in Den Haag. Vor dem US-Bundesgericht in New York wollen die Anwälte Chevrons die Unschuld feststellen lassen. Die Anwälte versuchen die staatliche ecuadorianische Erdölgesellschaft Petroecuador für die Schäden haftbar zu machen. Sie geben an, Texaco habe seine Verpflichtungen der ecuadorianischen Regierung gegenüber mit einer bereits 1995 erfolgten Zahlung von 40 Mio US-Dollar genüge geleistet. Diese Zahlung gehe aus einem Kooperationsabkommen hervor, welches auch Petroecuador in die Verantwortung ziehe.[5]

2006 und 2009 klagt Chevron vor dem ständigen Schiedsgericht in Den Haag. Bei dem ersten Prozess verklagt Chevron den Staat Ecuador. Es habe ein Investitionsschutzabkommen gegeben, nach dem Ecuador der Firma Texaco hinreichende juristische Hilfe zur Verfügung hätte stellen müssen. Chevron siegt vor dem Schiedsgericht und die ecuadorianische Regierung wird zu einer Geldstrafe in Höhe von 96 Mio US-Dollar verurteilt. Gegen dieses Urteil legte Ecuador Berufung ein. Das Investitionsschutzabkommen mit den USA sei erst 1997 in Kraft getreten, also 5 Jahre nachdem Texaco das Land verlassen hatte. Auch eine Rückwirkungsklausel habe es in diesem bilateralen Vertrag nicht gegeben.[6] Im Oktober 2014 entscheidet das Schiedsgericht trotzdem zu Gunsten Chevrons. Ecuador muss eine Geldstrafe in Höhe von 77 Mio US-Dollar zahlen.

Ein weiterer Prozess vor dem ständigen Schiedsgericht in Den Haag ist zur Zeit noch nicht beendet. Hier ging es um die Frage ob Texaco auf Grund eines Abschlussvertrags von 1998 von allen Haftungsansprüchen befreit wurde.

2011 und 2012 entscheiden zwei Vorinstanzen in Ecuador, das Chevron wegen Umweltverbrechen eine Geldstrafe in Höhe von 9,5 Mrd US-Dollar zahlen und sich innerhalb von zwei Wochen öffentlich entschuldigen muss. Chevron erkennt das Urteil nicht an und legt Berufung im obersten Gerichtshof von Ecuador ein. Da die öffentliche Entschuldigung nicht erfolgte erhöhen die Richter das Strafmaß auf 19 Mrd US-Dollar.[7]

2013 wird der Fall vor dem obersten Gericht in Ecuador neu verhandelt. Die Richter folgen in ihrer Entscheidung jedoch den Vorinstanzen. Sie reduzieren das Strafmaß allerdings auf 9,5 Mrd US-Dollar. Diese Summe soll größtenteils für die Sanierung des Bodens, des Wasser und des Grundwassers dienen. Ein kleiner Teil soll jedoch auch für soziale Projekte und in das Gesundheitssystem der Region fließen.

Im gleichen Jahr versuchen die Kläger das Urteil gegen Chevron in den USA anerkennen zu lassen.

---

5 Unbekannter Autor, 2011
6 U.S. Government Printing Office, 1993
7 Unbekannter Autor, 2012

Dies scheitert jedoch, denn Chevron bezichtigt die Anwälte der Kläger der Korruption und bekommt Recht: Im März 2014 befindet das Gericht in New York die Prozesse in Ecuador als illegitim. Das hat zur Folge, das die Schadenersatzforderungen in den USA nicht durchgesetzt werden dürfen. Das Berufungsverfahren gegen das Urteil läuft noch.

Das bisher bedeutendste Urteil, welches vom obersten Gerichtshof in Ecuador gesprochen wurde und Chevron zu einer Schadenersatzzzahlung von 9,5 Mrd US-Dollar verurteilte, konnte in Ecuador nicht umgesetzt werden. Normalerweise werden monetäre Strafen vollzogen, indem das Gericht Werte pfändet, bis der geforderte Betrag erreicht ist. Im Fall von Chevron gab es allerdings das Problem, dass der Konzern keine zu pfändenden Werte oder Güter mehr in Ecuador besaß. Durch ein Abkommen mit Argentinien ließe sich die Zahlung auch in Argentinien eintreiben. Ein argentinisches Gericht hatte das Urteil aus Ecuador auch anerkannt und schon rechtliche Schritte zur Urteilsvollstreckung vorgenommen, die argentinische Regierung machte diese jedoch wieder rückgängig, da sie einen Vertrag mit Chevron über die Erschließung von Erdgasvorkommen in Gefahr sah.[8]

Abschließend ist also zu sagen, das es sich bei diesem Rechtsstreit um einen der größten in der Geschichte des internationalen Umweltrechts handelt. Außerdem kommt die Frage auf, ob man mit den zur Verfügung stehenden Rechtsmitteln gegen so große und mächtige Unternehmen überhaupt noch eine Chance hat, sein Recht durchzusetzen. Diese Frage ist auch ganz unabhängig davon zu betrachten, in wie weit Chevron nun tatsächlich für die Verpestung des Amazonasgebietes verantwortlich ist oder nicht. Dass es eine Kontamination durch falsche Handhabung mit Ölförderabfällen gibt, ist schwer zu bestreiten. Im Endeffekt müssen die Bewohner der Gebiete damit leben, und das kann nicht rechtens sein.

---

8 Gillis, C., 2011

4. Verfahren aus Chevrons Sicht

4.1 Geschichte

Chevron hat keine Ölförderung in Ecuador betrieben. Die Tochtergesellschaft Texaco Petroleum Co. (TexPet) operierte zusammen mit der staatlichen Ölfirma Petroecuador, welche 62.5 Prozent der Beteiligung inne hatte. 1992 verließ Texaco Ecuador und sanierte ihren Anteil der Umweltauswirkungen, die durch die Ölförderung entstanden sind.[9]

Die schon oben erwähnte 40 Mio US-Dollar Sanierung wurde von allen ecuadorianischen Regierungsaufsichtsbehörden zertifiziert und Texaco wurde von der ecuadorianischen Regierung von weiteren Verpflichtungen entbunden. 2001 übernahm Chevron die Firma Texaco.

Für mehr als zwei Dekaden war Petroecuador alleiniger Besitzer der Operationen, die Texaco zurückgelassen hatte. Die staatliche Ölfirma hat diese zudem stark erweitert. Petroecuador hat nur langsam die Sanierung ihres Anteils von vor 1992 durchgeführt und seitdem ein traurige Liste von Umweltschäden angehäuft.[10] Für alle verbleibenden Umweltbedingungen ist ausschließlich Petroecuador verantwortlich. Im Dezember 2011 hat Petroecuador eine 70 Mio US-Dollar Sanierung angekündigt, die für notwendige Säuberung aufkommen soll.

4.2 Das betrügerische Gerichtsurteil gegen Chevron

Im Februar 2011 hat ein Gericht in Lago Agrio, Ecuador, Chevron zu einer Strafe von 18 Milliarden, später verringert auf 9,5 Mrd US-Dollar, verurteilt. Chevron legte Dokumente vor, die Betrug und unethisches Handeln seitens der Anwälte der Kläger, der Regierung Ecuadors und ecuadorianischen Judikative beweisen sollen. Dieses Gerichtsurteil sei auf Grund dessen nicht legitim.[11]

Ein ehemaliger ecuadorianischer Richter gab zu, direkt in die Organisation eines fingierten Gerichtsurteils gegen Chevron involviert gewesen zu sein. Der Richter Alberto Guerra hatte, als das Gerichtsverfahren 2003 erstmals beantragt wurde, den Vorsitz in Ecuador inne. In einer eidesstattlichen Erklärung (New York Bundesgericht) datiert auf den 28. Januar 2013 gibt er zu, ein Bestechungsgeld in Höhe von mehreren tausend Dollar von den Anwälten der Kläger erhalten zu haben.[12]

---

9   Chevron Public Affairs, Unbekanntes Veröffentlichungsdatum
10 Unbekannter Autor, 2009
11 Unbekannter Autor, Unbekanntes Veröffentlichungsdatum
12 Guerra Bastidas, A., 2012

Nicholas Zambrano, einer der nachfolgenden Richter, wurde bezahlt um falsche gerichtliche Anordnungen auszustellen und somit den Fall zu Gunsten der Kläger zu beeinflussen. Guerra, der inzwischen kein Richter mehr ist, bestätigte, dass die Anwälte der Kläger das 18 Mrd US-Dollar Urteil zu ihren Gunsten entwerfen durften, nachdem sie versprachen von den Vollstreckungserlösen des Urteils 500.000 US-Dollar Bestechungsgeld an Zambrano zu zahlen. Guerra überprüfte den Entwurf der Kläger für Zambrano und gab ihn als seinen eigenen an.

Guerras Aussage bekräftigt die Vorwürfe der Korruption, die das Verfahren Jahre lang belastet haben. Seine Aussage ist durch Computer-, Bank- und Versandaufzeichnungen sowie durch interne E-Mails der Kläferanwälte gestützt. Diese Zusammenhänge werden in dem kommenden RICO Verfahren überprüft.[13] Zudem haben sich die Schadensersatzansprüche, die dem Urteil vom Februar 2011 unterliegen, als weitere Folge des Betrugs herausgestellt. Laut einer unter Eid geleisteten Aussage der Umweltberater von Stratus Consulting vom 12. April 2013 gab es keine wissenschaftlichen Beweisen, die gegen Chevron hätten verwendet werden können. Stratus Consulting war im Auftrag der Klägergemeinschaft im Amazonasgebiet und hatte dort Untersuchungen angestellt.

In geschworenen Erklärungen berichten Vorstandsvorsitzende von Stratus über die Rolle die das Unternehmen und die Klägeranwälte bei dem Verfassen des angeblich unabhängigen Schadensbericht Richard Carbreras gespielt haben, welcher als überzeugende Basis des Urteils von 2011 gegen Chevron in Ecuador gedient hat.[14,15] Der Bericht gibt zudem Auskunft über die Kontrolle des Rechtsanwaltes der Kläger Steven Donziger bei der Erstellung des Berichts und den Druck den er ausübte um Chevron zugeschriebene Schäden zu erfinden.[16]

Während der Fall im Oktober 2013 verhandelt wurde ließ Chevron 24 Zeugen aufrufen, gab 21 weitere Zeugenaussagen und mehr als 3000 Beweisstücke zu Protokoll. Die Zeugenaussagen schlossen diejenigen ein, die früher hinter den Anklägern standen, und boten Beweise für den Korruptionsvorwurf aus erster Hand. Einer der größten Finanziers der Ankläger, Burford Capital, brachte eidesstattliche Erklärungen hervor, die den Betrug der Klägeranwälte bestätigten und zur Sicherung der Finanzierung dienten.

Am 4. März 2014 befand das US-amerikanische Gericht für den Südlichen Bezirk New Yorks das ecuadorianische Urteil von 9,5 Mrd US-Dollar für nicht durchsetzbar, da es das Produkt eines Betrugs und dunkler Machenschaften sei. Die fast 500-seitige Entscheidung befindet, dass Steven Donziger der führende amerikanische Anwalt hinter der ecuadorianischen Rechtsangelegenheit

---
13 Unbekannter Autor, Unbekanntes Veröffentlichungsdatum
14 Beltman, D., 2013
15 Maest, A., 2013
16 Unbekannter Autor, 2014

gegen den „Racketeer Influenced and Corrupt Organizations Act (RICO) verstoßen habe, indem er Erpressung, Geldwäsche, Leistungsschwindel, Zeugenbeeinflussung und Behinderung der Justiz beging. Dieses Urteil verbietet Donziger und seinen Partnern sich weiter hin zu bemühen, das ecuadorianische Urteil in den Vereinigten Staaten geltend zu machen.[17]

4.3 Nachfolgende gerichtliche Handlungen

Chevron geht davon aus, dass die Entscheidung in Ecuador, die jetzt durch ein US-amerikanisches Gericht als betrügerisch bewiesen wurde, in keinem Gericht durchsetzbar ist. Die Firma wird sich weiterhin bemühen, die Täter für den Betrug verantwortlich zu machen. Zusätzlich zu dem gerichtlichen Vorgehen in den USA verfolgt Chevron eine Ersatzklage gegen Ecuador durch ein internationales Schlichtungsverfahren. Am 18. September 2013 hat ein internationales Schiedsgericht, dass unter der Autorität des U.S.-Ecuador Bilateral Investment Treaty (BIT) einberufen worden ist und vom Dauerhaften Schiedsgericht in Den Haag verwaltet wird, ein Urteil gesprochen, welches eine Entschädigung für Chevron und seine Tochtergesellschaft Texaco Petroleum Company (TexPet) vorsieht.[18] Das Tribunal hat entschieden, dass die Abmachungen, die die Regierung Ecuadors mit Texaco eingegangen ist, Texaco und seine Tochtergesellschaften von jeder Haftung des öffentlichen Interesses oder gesammelter Umweltansprüche befreit worden ist. Das selbe Tribunal urteilte am 7. Februar 2013, dass die Republik Ecuador die einstweiligen Schiedssprüche des Tribunals verletzt habe, indem die versuchte Durchsetzung des Urteils von 18 Mrd US-Dollar nicht verhindert worden war. Das Tribunal entschied, dass Ecuador, trotz der Instruktionen in früheren Urteilen, den Klägern die Vollstreckung des Urteils erleichtert habe und selbst für die Verluste Chevrons verantwortlich gemacht werden könnte.[19] Die Ankläger standen am 5. Juni 2013 noch einem anderen Rückschlag gegen über, als das argentinische Oberste Gericht die Pfändung Chevrons Vermögen, welche Ende 2012 gefordert wurde, stoppte.[20] Das oberste Zivilgericht merkte an, dass die angesprochenen Parteien keine Verbindung besäßen und gesetzlich getrennte Einheiten darstellten.[21]

---

17 Kaplan, L., 2014
18 Veeder, V. V., 2013
19 Veeder, V. V., 2011
20 Unbekannter Autor, 2013
21 Unbekannter Autor, 2013

5. Zusammenfassung

In den ersten Kapiteln dieser Hausarbeit wurde gezeigt, dass mit gewöhnlichen juristischen Mitteln diesem Problem nicht mehr beizukommen ist. Auf der einen Seite hat man ca. 30.000 Betroffene Anwohner, welche mit erheblichen gesundheitlichen Problemen zu kämpfen haben. Probleme, die auch in den folgenden Generationen nicht einfach so verschwinden werden. Auf der anderen Seite hat man einen multinationalen Konzern, der sich einem Urteil ausgesetzt sieht, welches langfristig einen Imageschaden zur Folge hätte und einen Präzedenzfall für die gesamte Branche schaffen würde.

Es ist nicht zu leugnen, dass Texaco schwerwiegende Fehler bei der Ölförderung begangen hat. Doch muss man sich auch anschauen, warum die ecuadorianische Regierung nicht zum Beispiel schärfere Kontrollen zur Prävention hat durchführen lassen. Dazu ist es interessant zu wissen, das der Export von Rohöl kurz nachdem Texaco nach Ecuador kam signifikant gestiegen ist und mit einem Anteil von ca. 60% zum wichtigsten Exportgut des Landes wurde. Ein kleines und sehr armes Land wie Ecuador hat in so einer Situation wenig Möglichkeiten. Es gibt wenig Industrie und die Haupteinnahmequellen sind die Landwirtschaft und Bodenschätze wie Öl. Diese finanzielle Abhängigkeit von großen Konzernen wie Texaco bzw. Chevron macht sie verwundbar. Gerade unter diesem Gesichtspunkt ist das Gerichtsurteil gegen Chevron besonders zu würdigen.

Das internationale Umweltrecht scheint nicht gewappnet gegenüber Prozessen zwischen Nationen und multinationalen Konzernen. Die beteiligten Parteien, die zu bestrafenden Verbrechen sowie die Gerichte vor denen solche Rechtsstreite ausgefochten werden kommen häufig aus verschiedenen Ländern, was es um so schwerer macht eindeutige und rechtskräftige Urteile zu fällen und diese zu vollstrecken. Wie es in dem beschriebenen Fall weiter gehen wird und ob irgendwann ein endgültiges Urteil gefällt und vollzogen wird, wird die Zukunft zeigen.

6. Literaturverzeichnis

American Petroleum Institute: Primer of oil and gas production. Michigan. 1954

Baker, C., Caissey, C., Johnson, B.: Oil Pollution in Ecuador: A Devised Remediation Approach. Worchester. 2009
URL:https://www.wpi.edu/Pubs/E-project/Available/E-project-122209-135034/unrestricted/OilRemediationFinalReport.pdf

Beltman, Douglas: Wittnessstatement of Douglas Beltman. 2013
URL: http://www.theamazonpost.com/wp-content/uploads/Beltman-Witness-Statement.pdf

Chevron Public Affairs: Texpet´s Remediation and Revegetation of Oilfield Pits in the Ecuadorian Amazon. Unbekanntes Veröffentlichungsdatum
URL: http://www.readbag.com/texaco-sitelets-ecuador-docs-texaco-ecuador-remediation-en

Gillis, Carly: Ecuador Vs. Chevron-Texaco: A Brief History. 2011
URL: http://www.counterspill.org/article/ecuador-vs-chevron-texaco-brief-history

Guerra Bastidas, Alberto: Decleration of Alberto Guerra Bastidas. 2012
URL: http://www.theamazonpost.com/wp-content/uploads/Declaration-of-A-Guerra_English-REDACTED.pdf

Kaplan, Lewis: Urteilsbegründung. 2014
URL: http://www.theamazonpost.com/wp-content/uploads/Chevron-Ecuador-Opinion-3.4.14.pdf

Langeschwiede, William: Jungle Law. 2007
URL: http://www.vanityfair.com/news/2007/05/texaco200705

Maest, Ann: Wittnessstatemnet of Ann Maest. 2013
URL: http://www.theamazonpost.com/wp-content/uploads/Maest-Witness-Statement.pdf

Organization of the Petrouleum Exporting Countries: Annual Report 2012. Vienna. 2012
URL:
http://www.opec.org/opec_web/static_files_project/media/downloads/publications/AR2012.pdf

Veeder, V. V.: Urteilsbegründung des Schlichtungsverfahren. 2011
URL:
http://www.chevron.com/documents/pdf/ecuador/ProceduralOrderandFurtherOrderonInterimMeasures.pdf

Veeder, V. V.: Urteilsbegründung des Schlichtungsverfahren. 2013
URL: http://www.theamazonpost.com/wp-content/uploads/chevron-ecuador-bit-tribunal.pdf

Unbekannter Autor: Amazon Pollution: Chevron hits back in row with Ecuador. 2011
URL: http://www.bbc.com/news/world-latin-america-12464063

Unbekannter Autor: Argentina 'freezes Chevron assets' over Eucador damage. 2012
URL: http://www.bbc.com/news/world-latin-america-20246295

Unbekannter Autor: Argentine Supreme Court lifts freeze on Chevron's assets, rejecting tie to Ecuador case. 2013
URL: http://theamazonpost.com/argentine-supreme-court-lifts-freeze-on-chevrons-assets-rejecting-tie-to-ecuador-case/

Unbekannter Autor: Chevron Files Fraud and RICO Case Against Lawyers and Consultants Behind Ecuador Litigation. Unbekanntes Veröffentlichungsdatum
URL:
http://www.chevron.com/chevron/pressreleases/article/02012011_chevronfilesfraudandricocaseagainstlawyersandconsultantsbehindecuadorlitigation.news

Unbekannter Autor: The Facts About Chevron in Ecuador and the Plaintiffs' Strategy of Fraud. 2014
URL: http://www.chevron.com/documents/pdf/ecuador/ecuador-lawsuit-fact-sheet.pdf

Unbekannter Autor: The Fraudulent Case against Chevron in Ecuador. Unbekannntes Veröffentlichungsdatum
URL: http://www.chevron.com/ecuador/patternoffraud/

Unbekannter Autor: Myth5: Texaco Petroleum is solely responsible for the problems in Ecuador´s Oriente region. 2009
URL: http://theamazonpost.com/myth-5-texaco-petroleum-is-solely-responsible-for-the-problems-in-ecuadors-oriente-region/

Unbekannter Autor: Tribunal Finds Ecuador in Breach of its Obligations Under International Law and the Bilateral Investment Treaty with the United States. 2013
URL: http://www.chevron.com/chevron/pressreleases/article/02082013_tribunalfindsecuadorinbreachofitsobligationsunderinternationallawandthebilateralinvestmenttreatywiththeunitedstates.news

U.S. Government Printing Office: Investment Treaty with the Republic of Ecuador. Washington. 1993
URL: http://www.state.gov/documents/organization/43558.pdf

Alle Links wurden am 26.03.2015 das letzte mal geöffnet.

BEI GRIN MACHT SICH IHR WISSEN BEZAHLT

- Wir veröffentlichen Ihre Hausarbeit, Bachelor- und Masterarbeit

- Ihr eigenes eBook und Buch - weltweit in allen wichtigen Shops

- Verdienen Sie an jedem Verkauf

Jetzt bei www.GRIN.com hochladen und kostenlos publizieren